AF248191

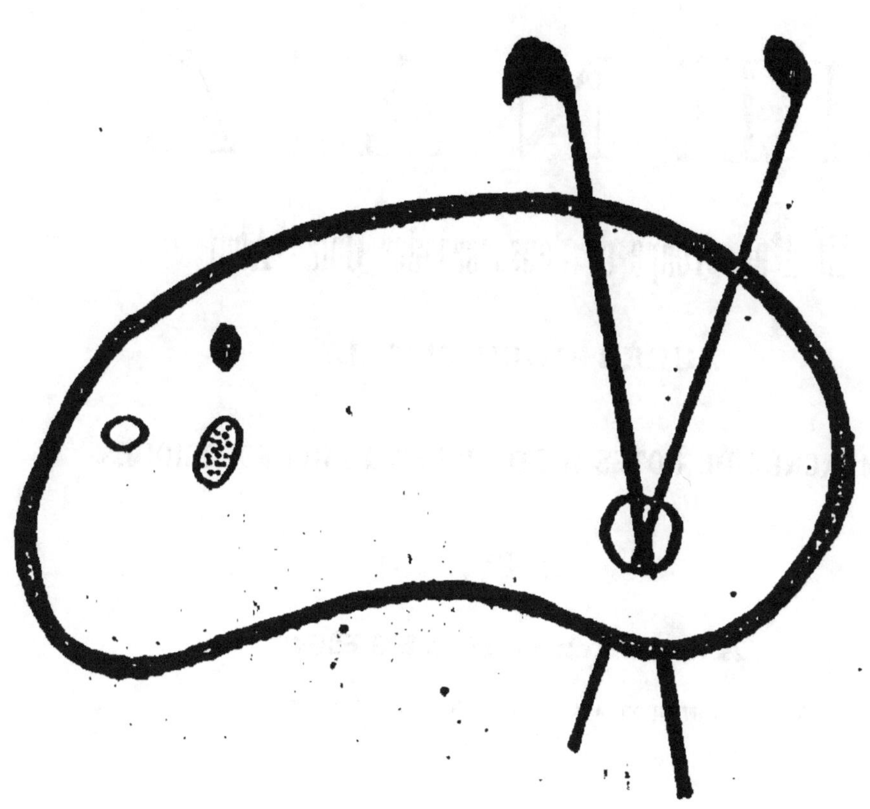

DEBUT D'UNE SERIE DE DOCUMENTS
EN COULEUR

DESCRIPTION

DE

MENA'A

Et d'un groupe de danseuses des Oulad Abdi

(AURÈS OCCIDENTAL)

ACCOMPAGNÉE DE NOTES HISTORIQUES & ARCHÉOLOGIQUES

PAR

Alexandre PAPIER

Membre correspondant délégué de la Société Africaine
de France.

PARIS

LIBRAIRIE AFRICAINE & COLONIALE

JOSEPH ANDRÉ & Cⁱᵉ, ÉDITEURS

27, Rue Bonaparte, 27

1895

DÉPOT LÉGAL
Loiret
126
13 91

L⁸ᵣ
k
1688

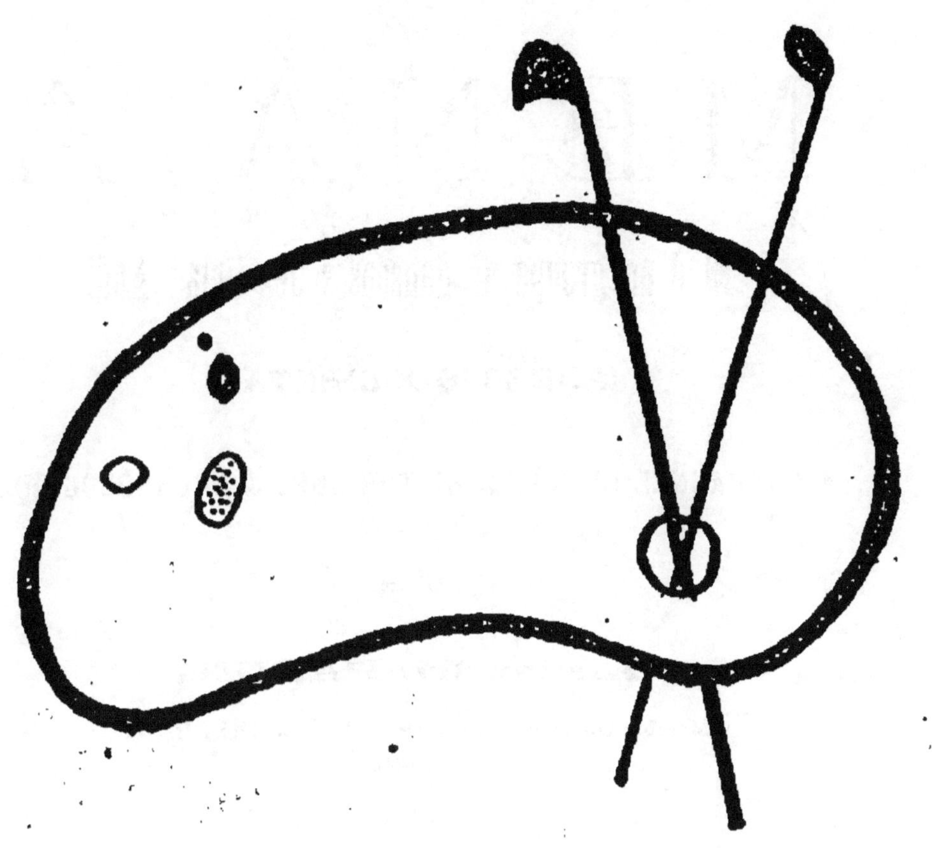

FIN D'UNE SERIE DE DOCUMENTS
EN COULEUR

DESCRIPTION

DE

MENA'A

Et d'un groupe de danseuses des Oulad Abdi

(AURÈS OCCIDENTAL)

ACCOMPAGNÉE DE NOTES HISTORIQUES & ARCHÉOLOGIQUES

PAR

Alexandre PAPIER

Membre correspondant délégué de la Société Africaine
de France.

PARIS

LIBRAIRIE AFRICAINE & COLONIALE

JOSEPH ANDRÉ & Cᵗᵉ, ÉDITEURS

27, Rue Bonaparte, 27

1895

I. — Mena'a.

On sait que, battu en 1844 à Aïn Roumel (Hodna), par le général de Sillègue, puis au défilé d'El-Kantara par le colonel Buttafuoco, et, chez les Oulad-Soltan, par le duc d'Aumale en personne, l'astucieux, perfide et dernier bey de Constantine, El-Hadj-Ahmed, fatigué de la résistance opiniâtre et inutile qu'il opposait à nos armées depuis sept ans, s'était retiré par deux fois dans la petite ville de Mena'a, située sur la rive droite de la rivière qui sépare, dans l'Aurès occidental, le territoire des Oulad-Abdi de celui des Oulad-Daoud, avant de choisir comme dernier refuge la misérable guelâa de Kebach.

On n'ignore sans doute pas non plus que Mena'a, depuis la prise et la destruction de Nara, le 6 janvier 1850, par les quatre mille hommes de troupe commandés par l'intrépide colonel Canrobert(1), est le *ksar* ou village le plus important des Oulad-Abdi, qui se disent, comme les Oulad-Daoud, descendants d'un romain du nom de Bourk et être venus de la vallée de l'Oued-el-Abiod dans celle qu'ils habitent et cultivent actuellement, après la défaite et la ruine des Oulad-Azzouz (2).

---

(1) Nara, situé à 37 kilomètres N.-N.-E. de Biskra, sur une colline entourée d'un ravin profond et à peu de distance de Mena'a (3 kilomètres), avait pris part à la révolte de Zaâtcha et refusé après sommation de rentrer dans l'obéissance. Ruiné à la suite de ce refus, ses habitants sont peu à peu descendus dans la plaine où ils forment aujourd'hui plusieurs groupes isolés, parmi lesquels l'on trouve le plus de types blonds. « J'ai remarqué des enfants aux yeux bleus, dit M. Marqueray, dont les cheveux fins et blonds rappellent les têtes suédoises ou norwégiennes. » (*Revue africaine*, t. XXXI, p. 107).

(2) Le groupe des Oulad-Azzouz, qui prétendent descendre également de Bourk, l'ancêtre des Oulad-Abdi, et des Oulad-Daoud, comprend une population de 644 habitants seulement, qui résident tantôt à l'extrémité nord-est de l'Oued-Abdi, où ils n'ont qu'un village appelé de leur nom, tantôt dans l'Oued-Taga, où ils n'occupent aussi qu'un village du nom

— 4 —

Que ces braves Chaoui aient du sang romain, vandale ou autre
dans les veines, cela nous paraît, quoi qu'on en dise, fort proba-
ble, puisque parmi eux, comme parmi les Ouled-Daoud, leurs cou-
sins, on en rencontre un grand nombre au teint blanc, aux cheveux
blonds et aux yeux bleus; que ceux de Mena'a aient trouvé pres-
que déserte la plaine étroite qu'avait occupée aux iie et iiie siècles
une *vexillatio* de la IIIe légion Auguste (¹), et qu'ayant jugé l'empla-

---

d'Ali Gadeur. Pendant l'été ils émigrent dans la plaine de Firès, au sud-
est de Timgad, où, se rencontrant avec les Oulad-Zian, les Oulad-Abdi,
les Oulad-Moumen et les Oulad-Noumen, ils se disputent et se dispute-
ront encore longtemps des moissons et des prairies, tant du moins que
les travaux d'application du sénatus-consulte, actuellement en cours
d'exécution, ne seront pas homologués, et que la composition territo-
riale des tribus ne sera pas nettement et définitivement arrêtée.

Ils forment depuis 1886 la deuxième section de la tribu des Oulad-Abdi,
et sont placés depuis cette époque sous l'autorité du cheik Mohammed-
Salah-ben-Saad (Masqueray, *Revue africaine*, t. XXI, p. 119. — Roland,
Étude sur la commune mixte de l'Aurès, p. 2, 3 et 37).

(¹) Douze inscriptions ont été trouvées et relevées jusqu'à présent autour
et dans Mena'a même : en 1849, par le capitaine Aubin ; en 1851, par
Pellotier, Davaivre, Percheron, Thuiliès et Noury; en 1856, par le capitaine Payen, et en 1860, par le savant et très regretté explorateur du
Sahara, Henri Duveyrier.

Parmi ces divers textes épigraphiques il en est cinq, qui, au point de
vue historique de la contrée, sont du plus grand intérêt. L'un (*Corp.*
VIII, 2464) est une dédicace à l'empereur Septime-Sévère, à Caracalla
et Géta, ses deux fils, de l'an 197. Elle nous donne les noms des consuls
qui étaient en fonctions de l'année 171 à l'année 176 de J.-C. Le
deuxième est une dédicace aussi de l'an 198 à Jupiter, à Junon, à
Minerve, à Mars et à la Victoire-Auguste pour le salut des trois empereurs par la *vexillatio* ou détachement dont il est parlé ci-dessus (*Corp.*,
n° 2465). Le troisième est encore une dédicace aux mêmes princes, à
toute leur maison, et à Victorianus Censibus, légat propréteur et consul
désigné, par le même détachement, sans doute, dont elle donne les
noms des soldats morts en combattant, *morantes in procinctu*, pendant
les années 173, 174, 175, 176 et 179. Le quatrième est également une
dédicace religieuse pour le salut de l'empereur Sévère-Alexandre, datée
du consulat de Julien II et Crispinus (a. 224), par un corniculaire atta-
ché à la personne du consul Julien et un soldat de la légion III Auguste
Severiana Pia Vindex. Une cinquième dédicace, enfin, plus intéressante
encore que les quatre précédentes, nous apprend que, sous le règne

cement romain trop bas et encombré de ruines, ils aient construit leur gros village en amphithéâtre sur le mamelon rocheux où nous le voyons aujourd'hui, c'est encore fort possible et même certain, je le crois; seulement comme cette question d'origine et de position n'a que faire ici et nous entraînerait en tout cas hors des limites de notre humble notice, pour peu que nous la traitions comme elle le mériterait en tout autre lieu (*), venons sans plus

---

simultané de Marc-Aurèle et de Lucius Verus (161-170), des colons étaient installés déjà dans la vallée de l'Oued-Abdi et tout près de Mena'a.

(*) Rappelons brièvement toutefois que, parmi ceux qui ont le plus cherché à élucider cette question d'ethnographie passablement ténébreuse, le capitaine du génie Carette et M. de Mas Latrie pensent qu'il serait peut-être permis de voir des descendants de ces anciennes tribus chrétiennes, mélangées de Slaves et de Germains, passées en si grand nombre en Afrique sous les empereurs romains, dans les montagnards de l'Aurès, au teint blanc et aux cheveux blonds, ainsi que dans quelques-unes de ces tribus errantes aujourd'hui vers le grand Désert, qui conservent dans leurs mœurs tant de souvenirs chrétiens, comme la monogamie, l'usage d'une sorte de baptême et l'emploi si fréquent de la croix pour décorer leurs étoffes et leurs armes.

Mais ce n'est pas seulement dans l'Aurès qu'à côté d'individus bruns on en voit de blonds; on en rencontre aussi en grand nombre, depuis le Maroc jusqu'à la Tripolitaine, en Kabylie, dans le Mzab et en beaucoup d'autres endroits. Ce ne sont pas non plus les Berbères du type blond aux yeux bleus qui, seuls, décorent de la croix leurs bracelets, leurs étoffes et s'en tatouent le front; les Berbères du type sémitique ou brun s'en servent et s'en parent également. L'hypothèse de ces auteurs n'a donc pas grande valeur.

L'hypothèse du général Faidherbe et de tous ceux qui s'appuient comme lui sur le sens de certaines inscriptions égyptiennes remontant au xive siècle avant J.-C. pour en conclure qu'une race blonde des bords de la Baltique ou du nord de la Gaule a conquis, il y a deux ou trois mille cinq cents ans, l'Afrique du Nord et s'y est établie, est plus sérieuse, attendu que ces textes épigraphiques, dont M. Rougé et autres égyptiologues ont donné la traduction, nous apprennent que vers le xve siècle avant J.-C., sous la xxie dynastie, une invasion de nomades, aux yeux bleus et aux cheveux blonds, vint de l'ouest s'abattre sur l'Égypte, et qu'il pourrait bien se faire que les tombeaux mégalitiques qui couvrent en si grand nombre l'Afrique septentrionale et sont de construction absolument identique aux dolmens, cromlechs, menhirs, etc, de l'Espade préambule à la description de leur petite ville, qu'ils ne nous pardonneraient sans doute pas si nous persistions à la désigner sous le nom trop humiliant de village (*).

---

gne, de l'Armorique et du Danemark, soient les sépultures de ces hommes blonds ou une coutume laissée par eux.

Mais à l'hypothèse du savant et regretté général on pourrait objecter que l'histoire de l'Égypte nous apprend également que, plus de dix-huit siècles avant l'ère chrétienne, un peuple qui habitait au-delà du Delta et qu'on nommait Hycsos ou *pasteurs* — épithète qui rappelle les *Nomades* des auteurs Grecs, les *Numides* des auteurs latins et les *Chaoui* de nos jours, — vint envahir cette contrée, et qu'après avoir renversé la dynastie régnante (xiiie), il en fut expulsé deux siècles plus tard par le pharaon Ahmès Ier de la xviiie dynastie, et vint, selon toute vraisemblance, se réfugier et s'établir dans le Magreb.

Ces Hycsos, d'origine chananéenne ou sémitique, mais plus ou moins mélangés de Mongols d'origine asiatique ou aryenne, pourraient donc bien être les mêmes nomades ou pasteurs aux yeux bleus et aux cheveux blonds qui, envahissant le pays des Pharaons sous la xixe dynastie, furent confondus avec les Libyens par les Égyptiens et nommés par eux *Tamahou* (hommes blonds).

Ainsi, quelle que soit l'origine attribuée par les auteurs anciens et modernes à la race blanche de l'Afrique du nord, il est certain qu'elle y était répandue depuis les temps les plus reculés et qu'elle y existe encore en beaucoup d'endroits.

(*) Bien que Mena'a ne se compose que d'environ trois cents maisons et neuf cents habitants, alors que Beni Ferah, dans le caïdat des Oulad-Zeian (cercle de Biskra), en compte cinq cent cinquante, agglomérées également sur une colline, et que ses habitants se targuent d'avoir la même origine marocaine que la puissante famille des Ben-Habbas, venue de Saguiet-el-Hamra, les Oulad Abdi ne considèrent pas moins leur gros village conique comme la ville la plus importante de la contrée, la capitale pour ainsi dire de l'Aouras et R'harbi (Aurès occidental). Elle était encore, il est vrai, il y a neuf ans, la résidence d'un caïd, qui non seulement les administrait, mais administrait aussi les gens de Larbaâ, Bouzina, Tagoust, les Oulad Moumen et les Oulad Azzouz, et comptait parmi ses ancêtres le marabout Si-Abd-el-Kader-Djilali, dont la mémoire est si entourée de respect et de vénération dans tous les pays musulmans, qu'il n'est pas de saint à qui soit consacré autant de chapelles et de marabouts et dont le nom soit autant prononcé de fois dans un jour, par les mendiants surtout qui l'invoquent sans cesse dans leurs lamentables supplications, sans trop attendrir toutefois leurs coréligionnaires qui, bien que charitables et hospitaliers chez eux, dit-on, ne

Située au milieu d'une sorte de cirque dont les montagnes d'alentour, entièrement nues ou mouchetées de rares et maigres genèvriers, brillent au soleil d'un jaune d'or et forment un encadrement éblouissant et brûlant; bâtie en amphithéâtre sur un gros mamelon escarpé et isolé sur le bord de la rivière qui descend du Djebel bou-Driesen, Mena'a, avec ses maisons en terre grise, percées à l'extérieur tantôt d'une ou plusieurs ouvertures assez spacieuses, tantôt de petits soupiraux ronds, carrés ou triangulaires, et surmontées de terrasses sans parapet et faites d'argile rougeâtre étendue tout bonnement sur des branches ou des poutrelles, Mena'a disons-nous, ne le cède en rien par son aspect aux *Ksours* les plus pittoresques de l'Aurès.

Des jardins bien arrosés, bien cultivés, où çà et là quelques palmiers dominent de leurs panaches élégants force abricotiers, figuiers, grenadiers et vignes grimpantes, l'enserrent étroitement, offrant au touriste, qui parcourt la vallée par une journée de chaleur accablante, un abri plein d'ombre et de fraîcheur.

Mais le spectacle qui s'offre à sa vue est encore bien plus curieux, bien plus attrayant, si, après avoir quitté le bordj du Caïd et contourné le coude qui lui cache la petite capitale berbère, il l'aperçoit tout à coup, par une belle soirée et par un beau clair de lune, se détachant de son réseau de verdure avec ses maisons échelonnées les unes au-dessus des autres, revêtues de ces teintes bleuâtres dont le flambeau des nuits se plaît à embellir les murs blanchis au lait de chaux des habitations mauresques les plus misérables. Mena'a et le mamelon qui lui sert d'étagère apparaissent alors une fois plus vastes et plus élevés; les montagnes qui les encadrent, tout en lui dévoilant les plus petits détails de leur structure

---

donnent jamais dans nos rues la moindre obole à qui que ce soit, fût-il le plus misérable de la terre.

Mena'a, sur qui rayonne la considération dont jouissent les Ben-Habbas comme descendants du célèbre marabout Si-Abd-el-Kader-el-Djilali, descendant lui-même du prophète, passe donc aux yeux de ses habitants, de tous les Oulad-Abdi, Oulad-Daoud et autres Oulad de l'Aurès, non seulement pour une capitale, mais encore pour une ville sainte, bien qu'elle ait la réputation d'une ville de plaisirs, du village de la prostitution par excellence, suivant M. Roland (*loc. cit.*, p. 46).

fantastique et de leur végétation rabougrie, les lui font paraître plus éloignées qu'elles le sont en réalité. Enfin, la petite plaine au milieu de laquelle le torrent se déroule comme un long ruban d'argent, lui semble également plus large et plus étendue.

A cette heure aussi les rues de la petite ville aurasienne, escarpées, étroites, tortueuses et çà et là voûtées, sont désertes; mais les terrasses de ses maisons sont couvertes de monde. Hommes, femmes et enfants s'y trouvent réunis, les uns couchés, les autres accroupis ou circulant. Le silence qui règne durant le jour au point qu'on dirait parfois que Mena'a est déserte, fait place alors au bruit des conversations qui s'établissent à haute voix d'une terrasse à l'autre, aux cris et aux éclats de rire des enfants qui s'amusent.

Mais bientôt un profond silence succède au bruit des conversations et des jeux, car sauf quelques dormeurs endurcis, tout le monde se retire et va se coucher.

Notre touriste fera bien de se retirer aussi et d'aller demander l'hospitalité au bordj du Caïd qu'il a rencontré sur sa route avant d'atteindre Mena'a (*), qui ne possède, bien entendu, ni hôtel, ni

---

(*) Ce bordj, construit sur l'emplacement occupé déjà en l'an 161 de J.-C. par un *burgus* ou château-fort et par un *pagus*, ou village romain assez important, avec une partie de leurs débris, n'est qu'à une très faible distance de Mena'a, sur le chemin muletier de Batna à Biskra, par la vallée de l'Oued-Abdi.

Il se compose d'une vaste enceinte dans laquelle on pénètre par une haute porte voûtée, d'un assemblage à l'intérieur de petites constructions en briques séchées comme toujours au soleil (*touba*), d'une *zaouia* ou école dans une des cours de laquelle est encastrée la dédicace à Marc Aurèle et à Lucius Vérus, son collègue, par les *colons* de l'endroit, que nous avons mentionnée en note au bas de la page 2 (L. Renier, *Recueil*, n° 4092; *Corpus*, t. VIII, n° 2469), et d'une vieille et petite mosquée abandonnée, dont une des pierres romaines servant de pilier est décorée sur deux de ses faces de la dédicace à Jupiter pour le salut de l'empereur Sévère-Alexandre mentionnée dans le *Recueil* de Léon Renier sous les n°ˢ 1612 et 1613, dans le t. VIII du *Corpus* des inscriptions latines sous le n° 2467, et dans notre note précitée.

Nous ignorons si le cheik actuel de la section de Mena'a, Mohammed-ben-Mohammed-Kolla, est un Ben Abbès aussi ; nous savons seulement par M. Masqueray et M. Roland, administrateur-adjoint de la commune

auberge, ni même de café maure un peu sortable, à moins qu'il ne préfère ne pas interrompre son voyage et arriver le lendemain à Biskra. Phœbée est si brillante, Uranus si constellé d'étoiles, la nuit si fraîche, le chemin, les mules et le guide si sûrs, enfin, qu'il n'hésite pas longtemps à prendre ce dernier parti et à enfourcher de nouveau sa monture.

Nous l'en félicitons sincèrement, car outre qu'il est toujours plus agréable de voyager dans la saison chaude par un beau clair de lune que par un soleil de plomb, il est toujours bon de goûter d'un spectacle qu'on ne peut se lasser d'admirer et qu'on ne verra peut-être plus.

A peine s'est-il éloigné des jardins et des champs de blé qui bordent la rivière et a-t-il gravi et franchi les rochers couleur de sable et parsemés d'arbustes d'un ou deux pieds de haut tout au plus qui le séparent de Mena'a, qu'il découvre, en effet, des hauteurs où il est parvenu, un panorama des plus saisissants. Au bas, devant lui, pointent, au milieu d'une vaste oasis, deux pyramides de maisons en terre rougeâtre auxquelles la lumière douce et argentée, mélancolique et silencieuse de la lune donne un aspect tout à fait étrange, et de l'autre côté de l'oasis et de ses deux ksours, Abdelli et Amentane (¹), une haute ligne de montagnes, dont les roches dénudées, horizontales ou verticales, tantôt ondulées, tantôt en zigzacs, imitent à s'y méprendre d'immenses draperies de moire blanche légèrement teintée d'azur.

---

mixte de l'Aurès, que le directeur actuel de la *zaouïa*, qui remonte à plusieurs siècles, est Si-Hocine-ben-Abbès, parent du caïd Mohammed, qui, continuant la tradition de ses ancêtres, était surnommé *Moula-Sebil*, le grand aumônier, par tous ses administrés; ce qui n'empêcha pas un bon nombre d'Oulad-Abdi de prendre part, en 1879, au soulèvement des Oulad-Daoud, d'assister à la prise du bordj de l'Oued-Taga et de mettre même à mort son fils Si-Hassein-bel-Abbès, malgré les exhortations du chérif Mohammed-ben-Abd-er-Rhamane-ben-Djerallah, le fauteur de la révolte, l'assassin du caïd de Tkout, Si-Mustapha-ben-Bachtârzi, et du caïd Si Bou Diaf, qui les conjurait de lui laisser la vie sauve (Conf. Masqueray, *Revue africaine*, t. XXI, p. 123. — Roland, *loc. cit.*, p. 16 et 19).

(¹) Situés sur la rive gauche de l'Oued-Abdi, à 10 ou 12 kilomètres environ de Mena'a et à une altitude de 500 mètres.

Laissons le en extase devant ce panorama réellement féérique que le pinceau le plus habile ne saurait reproduire et notre plume surtout ne saurait décrire tel qu'il se présente aux yeux du voyageur, si impressionné déjà par les splendeurs du ciel africain et le silence des nuits du sud, silence coloré lui-même, comme l'a si bien dit un artiste écrivain, calme, à écho, qui fait éprouver une douce quiétude, qui n'a aucun bruit et pourtant s'entend et se respire ; fluide inconnu ailleurs, émouvant, chantant et invisible! (1) Nous le retrouverons peut-être un jour trottant de nouveau par monts et par vaux dans ce vaste massif montagneux de l'Aurès, qu'un des historiens et archéologues les plus distingués de nos jours (2) appelle le *Saint-Gothard* du système méridional de l'Afrique romaine... et française, ajoutons-nous. Et nous nous arrêterons encore plus d'une fois avec lui devant bien d'autres sites non moins pittoresques avant de revoir Biskra, la reine des Oasis et le paradis, soit dit en passant, des femmes et des filles des Oulad N'aïls, qui vont y faire sans vergogne commerce de leurs charmes plus ou moins séduisants et amasser ainsi de quoi s'acheter un lopin de terre ou trouver un épouseur à leur retour dans la tribu.

II. — Groupe de danseuses de l'Oued Abdi.

En attendant le sien, disons quelques mots du trio de femmes aurasiennes dont la belle héliotypie de M. Racle accompagne ici celle de Mena'a.

Ce sont trois des sept ou huit danseuses qui, en 1892, étaient appelées à égayer la noce du khelifa du caïd de Tkout, et qui, fatiguées d'avoir rempli dignement leur rôle d'almées et de Laïs aussi, peut-être, n'avaient pu se lever de bonne heure et

(1) C. Carteron. *Voyage en Algérie*, p. 313.
(2) Th. Mommsen, *Histoire romaine*, t. XI, p. 208, traduite par R. Cagnat et J. Toutain, Paris, 1889.

poser devant l'objectif de notre aimable confrère à qui nous devons leur photographie, que fort tard dans la matinée. Elles n'en sont pas moins très bien venues, on le voit, malgré le soleil qui, à cette heure avancée, avait envahi toute la cour du bordj.

Ces *dames* sont toutes trois de la tribu des Oulad Abdi, et celle du milieu, aux yeux baissés et paupières fermées comme une sainte nitouche, est de Mena'a même. Or, comme les Oulad Abdi, qui ont donné tant de fil à retordre à nos soldats lors de l'insurrection de 1850, se flattent d'avoir du sang romain dans les veines, nous l'avons dit, il faut avouer qu'elles sont bien faites pour leur donner raison. Quels traits fins! Quel teint blanc! Aussi combien elles diffèrent, sous ce rapport, comme sous bien d'autres, des femmes arabes, voire même kabyles, et des Oulad N'aïls surtout, leurs voisines d'en face, aux traits grossiers, à la figure plate, au teint basané, à la taille courte! (1)

D'ailleurs il est un fait reconnu, généralement avéré même par tous ceux qui ont parcouru la contrée et demeuré surtout quelque temps en contact avec ses habitants, que les femmes de l'Aurès, des Oulad Daoud et des Oulad Abdi tout particulièrement, les plus misérables, les moins civilisées ou les plus légères de mœurs, ne diffèrent pas seulement des autres femmes indigènes de l'Algérie par la régularité de leurs traits, la blancheur relative de leur teint, leur taille élancée, mais encore par leur accent plus doux (2), leur maintien plus modeste et plus digne, leurs mœurs moins dissolues. Si faciles et si pauvres qu'elles soient, ce ne sont

---

(1) Par suite du dérèglement de leurs mœurs, le type originel des Chaouïas aurait à peu près disparu, et fait place, suivant M. Rolland, à une infinie variété de physionomies dans lesquelles on retrouve un mélange des principaux caractères de toutes les races distinctes du nord de l'Afrique.

La beauté proverbiale des femmes de l'Aurès lui paraît aussi un peu surfaite, car ce qui attire plus particulièrement l'attention sur elles, dit-il, c'est la facilité avec laquelle elles se laissent admirer (*loc. cit.*, p. 22).

(2) La langue des Oulad-Abdi est le *mazihr* ou *mazigh* appelé vulgairement le *chaouïa*, qui se distingue des dialectes berbères du nord par une singulière douceur, et qu'ils parlent même avec une pureté plus grande que les autres tribus mazigh de l'Aurès.

pas elles en tout cas qui émigreraient et suivraient l'exemple des Oulad N'aïls (*).

Elles sont moins sauvages aussi, bien qu'elles soient rarement

---

(*) Je me suis laissé dire par un de mes amis, qui a parcouru l'Aurès dans tous les sens et y a même résidé assez longtemps, que les mœurs y étaient cependant fort libres partout et principalement dans la vallée de l'Oued-Abdi. Les femmes qui ne sont pas en puissance de mari — on les appelle *azriati*, divorcées, veuves, jeunes filles à qui le célibat semble long — sont à peu près dans le domaine public. Elles ne se font pas prier, m'écrivait-il, pour étaler leurs charmes, et les nobles étrangers leur en savent presque toujours gré en leur collant des pièces d'argent ou d'or sur le front pendant la *n'bitta,* qui n'est à vrai dire qu'une sorte d'entrée en matière.

M. Roland est du même avis. Les mœurs des Chaouïas de l'Aurès sont généralement très relâchées, dit-il ; leurs femmes n'ont aucune moralité et la prostitution y est pour ainsi dire en honneur. Les filles attendent avec impatience leur premier mariage après lequel elles se hâtent de divorcer pour acquérir, à leurs yeux, le droit de se livrer à la prostitution la plus éhontée. Cette règle générale ne comporte que peu d'exceptions produites le plus souvent par la naissance d'un enfant. Dans ce cas la famille se forme et les liens des époux se resserrent naturellement. Cependant il arrive qu'une femme épouse et mère sollicite le divorce et, après l'avoir obtenu, se prostitue sans la moindre retenue, sous les yeux mêmes de ses enfants.

Ce que nous prenions pour une exception serait donc bel et bien, suivant M. Roland, la généralité. Il n'admet d'exceptions que pour les femmes de Nara, de Taghount, de Taghoust où la prostitution n'est pas tolérée, et pour les Oulad Daoud qui ne supportent pas toujours facilement les écarts de conduite de leurs femmes. Il reconnaît, il est vrai, que cette dépravation morale ne remonte pas bien haut et qu'elle est la conséquence de la domination des Arabes, qui, très pudiques dans leur milieu, sont de mœurs déréglées chez les étrangers où ils trouvent une large compensation à leur retenue (*loc. cit.*., p. 22, 23, 24 et 49).

Ainsi, autant ce que nous disons ici, au physique et au moral, des femmes de l'Aurès et de l'Oued-Abdi en particulier, paraîtra sans doute un peu trop flatteur à ceux qui ont séjourné un certain temps dans leur pays et ont été plus à même par conséquent de les connaître, autant ce qu'en dit M. Roland dans sa brochure (a) paraîtra peut être trop sévère à tous ceux qui n'ont fait qu'y passer, et n'ont pu dès lors en étudier aussi bien les qualités physiques et morales.

(a) Batna, Imp. typ. A. Beur, a. 1891.

en contact avec des européens. Si le fusil sur l'épaule, votre kodak ou votre album en mains, vous rencontrez quelques-unes d'entre elles, la robe relevée jusqu'au-dessus des genoux, lavant en cadence sur les dalles d'un oued kandouras, voiles et autres vêtements de calicot ou de laine, tout en jasant comme des pies et riant comme des folles, vous faites seulement mine de traverser la rivière, à pied sec, bien entendu, et de vous en approcher, il est clair qu'elles se sauveront comme des fauvettes que le chasseur fait fuir à tire d'aile, mais sans être effrayées ni jeter de cris. Il en est même parmi elles, sans doute, qui ne seraient pas fâchées de rester en place, si elles ne craignaient pas de faire jaser sur leur compte, et d'autres qui vont se cacher derrière les lauriers-roses tout comme la nymphe du poëte latin, qui, fuyant derrière les saules, voulait d'abord être aperçue.

Mais revenons à nos trois bayadères que notre très obligeant collaborateur et ami, M. le capitaine Vaissière, nous eût certainement photographiées debout et dansant au lieu d'être assises par terre et les jambes croisées, s'il avait été muni du nécessaire pour obtenir un instantané. Elles sont là dans leurs plus beaux atours. Le costume de la première, grande et belle femme assurément, n'est pas précisément élégant ni commode pour danser, bien que la *n'bitta* des Oulad Abdi n'ait point les allures souvent désordonnées, lascives et passablement obscènes des Mauresques et des Oulad N'aïls. Elle est revêtue d'une longue robe de laine de couleur foncée avec raies verticales de nuance plus claire. Une pièce d'étoffe, unie et de couleur sombre également, espèce de voile assez disgracieux (*haïk*) qui recouvre le derrière de son énorme calotte et s'y trouve assujettie par un turban de soie noire, descend sur ses épaules qu'elle emprisonne étroitement et vient s'agrafer un peu au-dessus des seins (*).

(*) Le costume des femmes de l'Aurès consiste en une longue tunique de laine blanche ou de couleur, sans manches, retenue sur les épaules par deux broches et serrée à la taille par une ceinture, tunique qui ne diffère par conséquent de celle que portaient jadis les femmes grecques que parce qu'elle descend jusqu'aux chevilles, alors que l'ancienne tunique *dorienne* ou *épômis* ne tombait jamais plus bas que les genoux et n'atteignait même quelquefois que le milieu de la cuisse. Elles le

Du sommet de la calotte descendent de chaque côté du visage, retenus par le turban, plusieurs rangs de pendillons ou chaînettes en argent.

Aux deux grandes agrafes artistement travaillées et fixées à sa robe sont suspendues sur sa poitrine une demi douzaine d'amulettes en argent ajouré, et ses poignets sont entourés d'une foule de bracelets de fabrication kabile.

Les deux autres sont vêtues de la même façon; mais au lieu d'être d'un tissu de laine uni et sombre, leurs voiles sont de gaze pailletée d'argent, leur haïck est de fine laine blanche rayée de soie bleue ou rouge, leur robe de laine de couleur claire également, l'une à raies étroites et verticales de couleur plus foncée, l'autre parsemée de fleurs, le tout de fabrication lyonnaise, sans doute (1).

Leur poitrine est, comme celle de la première, constellée d'agrafes, de broches, de cassolettes et autres petits bijoux en argent d'un travail exquis (2). Leurs bras nus et potelés sont aussi garnis

---

complètent par un long voile serré par un turban noir toujours plus haut devant que derrière.

La tunique des femmes de l'Aurès, qu'on dit cependant si dévergondées, est donc sans contredit plus décente que celles des femmes grecques de l'antiquité.

(1) La fabrication des bijoux est monopolisée, en Algérie, entre les mains des Israélites des grandes villes, Alger, Constantine, Oran, Tlemcen, Bône, Sétif; mais on en fabrique aussi beaucoup en Kabylie, notamment des agrafes, des épingles et des cassolettes en argent artistement ajourées, ainsi qu'on peut s'en convaincre par celles que portent nos danseuses. Les bracelets à losanges et patelles en relief sont fort courus et même recherchés par nos dames, surtout lorsque par un long usage ils ont pris tout l'aspect du vieil argent, que nos orfèvres ont cherché dans ces derniers temps à imiter, et que les Kabyles eux-mêmes, voyant l'engouement des étrangères pour ce cachet d'antiquité, ont également cherché à produire artificiellement, sans y réussir toutefois.

Il existe cependant quelques bijoutiers à Mena'a, dont l'industrie consiste surtout au tannage des peaux et à la fabrication sur place d'une espèce de pantoufle appelée « Belgha » qui est très en vogue dans tout l'Aurès.

(2) Avant la conquête, Alger fabriquait la plus grande partie des étoffes de soie employées dans la Régence et dans celle de Tunis. Mais peu à peu l'industrie lyonnaise, si justement renommée dans le monde entier,

de bracelets et l'une d'elle a même une bague à l'annulaire de la main gauche et deux à l'annulaire de la main droite, souvenirs

---

s'emparant de cette fabrication, entrait en possession presque exclusive de l'approvisionnement algérien.

Cependant les indigènes n'en ont pas moins continué à fabriquer des haïks, des burnous, etc., et à mélanger avec un certain talent la soie blanche ou de couleur avec la laine dans ces vêtements de manière à former des bandes parallèles dont l'éclat se détache sur l'étoffe et produit un très joli effet dans les contrées où, comme en Algérie, le ciel est plus souvent inondé de lumière et le contraste des couleurs vives plus harmonieux à l'œil que dans les pays moins bien partagés sous ce rapport.

Les fabriques de Lyon n'expédient généralement que les satins unis ou brochés, les reps, les damas et les lampas employés pour les robes des femmes, les taffetas unis et façonnés, les foulards imprimés ou à bandes d'or et d'argent, les gazes, les crêpes et les tulles de toute couleur, unis ou émaillés de paillettes d'or ou d'argent. Tous les vêtements en laine, communs, robes, haïks, burnous, gandouras, foutahs (pagnes), etc..., sont fabriqués sous la tente pour l'usage ordinaire de la famille.

Cependant certaines localités ont une spécialité pour ce genre de fabrication et produisent pour le commerce, notamment les cercles de Biskra, de Bou-Saada et de Bordj-bou-Arréridj dans la province de Constantine, ceux de Tiaret, de Mascara et de Tlemcen dans celle d'Oran. La ville de Tlemcen comptait même à elle seule, en 1855, 116 fabricants de haïks en possession de 240 métiers produisant chacun par jour un haïk et parfois plus, du prix moyen de 9 francs, et les burnous de Mascara sont encore aujourd'hui tissés si finement, d'une souplesse si grande, d'une blancheur si éclatante et brodés si délicatement sur le devant, que nos plus grandes dames algériennes ne dédaignent pas de s'en servir comme sorties de bal ou de théâtre. Nous en avons vu vendre à Mostaganem, en 1861 et 1862, au prix de 100 et 120 francs pièce.

Il n'y a donc pas à proprement parler de fabricants de vêtements dans tout l'Aurès. Ce sont ici, comme dans toutes les tribus arabes, d'ailleurs, les femmes qui lavent, peignent, cardent, filent la laine et tissent l'étoffe servant à l'usage ordinaire de la famille. Les vêtements de luxe proviennent tous soit de Biskra, soit de Msila, de Bou-Saada, de Sétif ou de Bordj ben Arreridj, soit de France. Il en est de même pour les bijoux, diadèmes, colliers, broches, agrafes, bracelets, boucles d'oreilles et anneaux de jambes, etc. Ils proviennent tous de la Kabylie, des grandes villes algériennes que nous avons nommées ou de Tunis, Seulement ceux que portent les femmes de l'Aurès sont d'argent et jamais d'or, si riches ou coquettes qu'elles soient.

sans doute de quelques jeunes ou vieux Chaouias amoureux. Elles portent en outre autour du turban un diadème à pendillons, bien autrement gracieux que celui dont se parent les Mauresques et les Oulad N'aïls, qui est composé de deux ou trois rangs de *sultanis* vrais ou faux.

Enfin, détail assez curieux à noter, au lieu de ces grosses tresses de cheveux entremêlés de laine qui font paraître la tête des Oulad N'aïls et des Kabyles si volumineuse, les cheveux de nos deux danseuses aurasiennes descendent librement de chaque côté du visage, de telle sorte qu'on serait tenté de se demander si, pressées d'aller poser devant l'objectif du capitaine et de s'excuser, elles n'auraient pas eu le temps de se coiffer. Il n'en est rien cependant, car, riches comme pauvres, les femmes de l'Aurès ne portent point de ces tresses postiches et si disgracieuses surtout lorsque par leur grosseur exagérée elles ressemblent à de véritables câbles.

Quelques mots encore et nous terminons. La plus âgée de notre petit groupe nous semble par son costume beaucoup plus simple, plus modeste, avoir été la directrice de ces sept ou huit femmes qui contribuèrent par leurs danses et leurs chants à donner de l'éclat à la noce du *khelifa* ou secrétaire du caïd de Tkout, et avoir compris qu'en cette qualité elle devait, ainsi que toute maîtresse de maison le doit à l'égard de ses invitées, ne pas chercher à éclipser par sa toilette celle de ses pensionnaires. Et si telle était réellement son intention, c'est là une preuve de savoir-vivre de sa part qu'on ne trouve guère chez nos Mauresques et nos Oulad N'aïls les plus civilisées, et pas toujours non plus dans les maisons où l'on reçoit en France et ailleurs. *Diat*

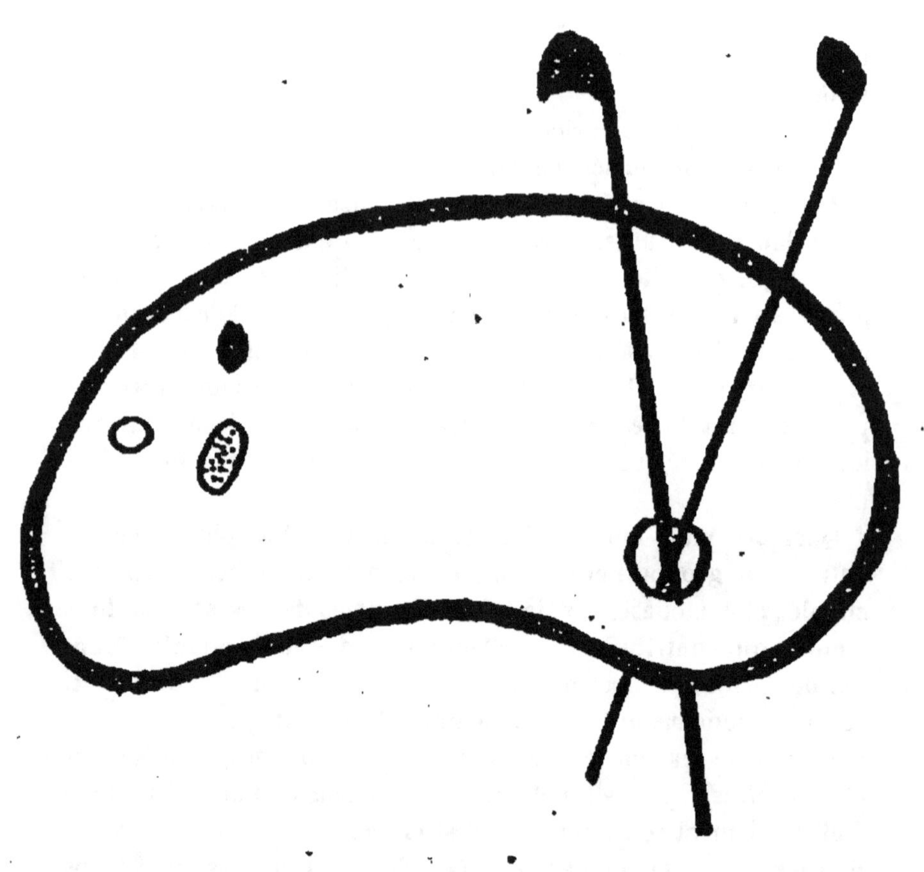

ORIGINAL EN COULEUR
NF Z 43-120-8

www.ingramcontent.com/pod-product-compliance
Lightning Source LLC
Chambersburg PA
CBHW051222050726
47594CB00007B/3325